Tempos moderno. Tudo a nossa volta é fluido, rápido como a velocidade da luz.
Nada se encaixa melhor neste contexto que a fotografia.
Desde o seus primórdios, a evolução da arte de capturar os momentos, foi uma das mais notáveis, cabendo hoje não só no nosso bolso (figurativamente ou não falando) como na palma das nossas mãos.
Apesar de toda essa fluidez da modernidade, não consigo parar de pensar o quão é importante resgatar o passado e sua beleza. Resgatar as coisas que nos faziam pulsar, nos deixavam mais humanos.
Por isso nesta série, eu tento resgatar a beleza dos antigos cartões postais, retratando um dos mais requisitados bairros de Salvador no verão, a Barra.
Sendo o cartão um sinônimo de lembrança, daquela viagem, daquele passeio, daquele momento que queríamos compartilhar enquanto o mundo moderno não chegava.
Espero que através deste espelho d'alma, você consiga sentir a nostalgia, o encanto do resgate desta arte tão significativa e especial.

Milena Ferreira

O cartão-postal só começou a ser utilizado no Brasil depois de onze anos de sua criação na Áustria e cinco anos depois de aprovado pela União Postal Universal. O Governo Imperial editou o Decreto-Lei 7695, em 28.04.1880, instituindo o que foi chamado, inicialmente, de "bilhete postal". Era uma cartolina tamanho 9 X 12 cm, contendo como única ilustração, na frente, as armas da República e o valor da tarifa impressa. Algum tempo depois começou a ganhar desenhos, fotografias e sua popularidade disparou. No início só o Correio podia imprimi-los, poucos anos depois firmas particulares passaram a também editá-los, com isso ele se popularizou mais ainda, numa época que não existia o telefone, o rádio, as revistas e jornais quase não traziam ilustrações. As famílias gostavam de enviar postais e guardar os que recebiam, pois era uma fonte de belas imagens que eles não conseguiriam obter de outra maneira.

Fonte: site descubraminas.com.br

Dedico este livro a minha família, amigos e todos que acreditaram em mim e do seu jeito me apoiaram.

E em especial, dedico ao meu amado pai, de quem herdei toda essa paixão pela arte, pela vida e por tudo que faço.

" I believe in my mind..."

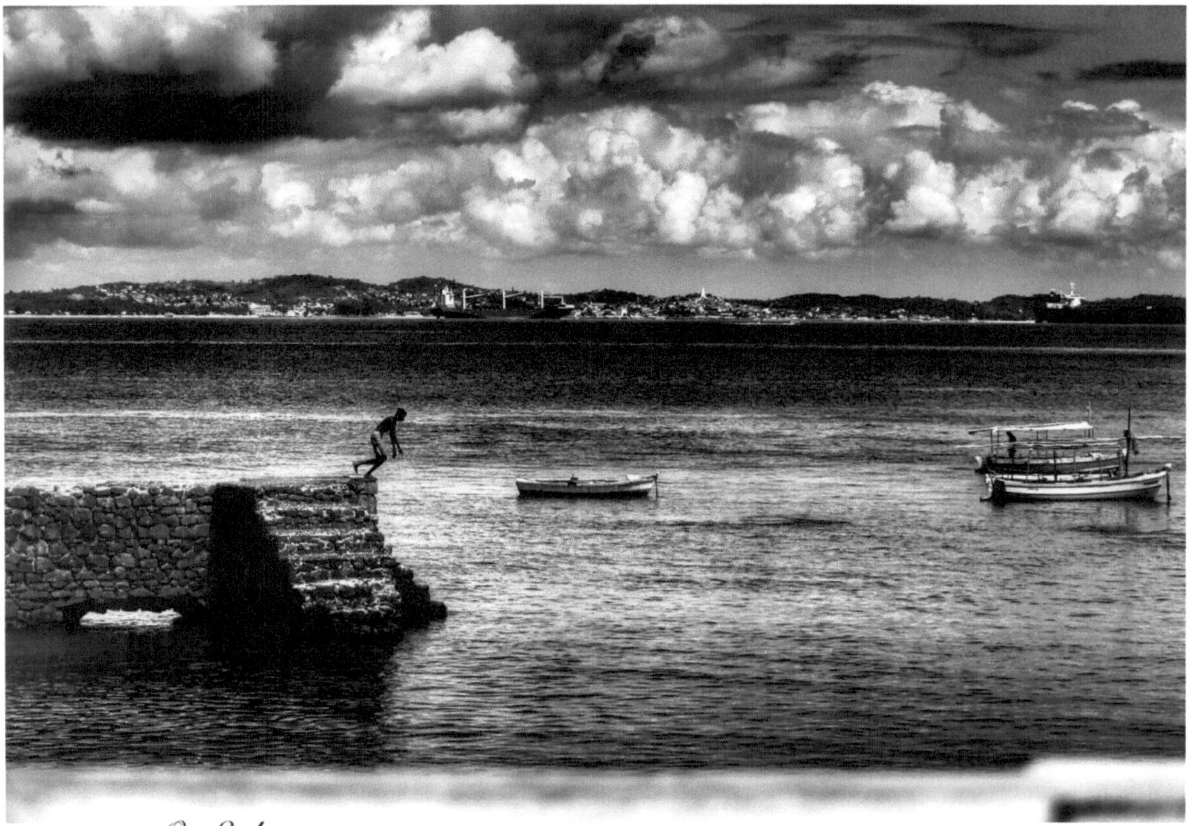

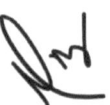

O Salto
Porta da Barra
Salvador/Ba
Março de 2020

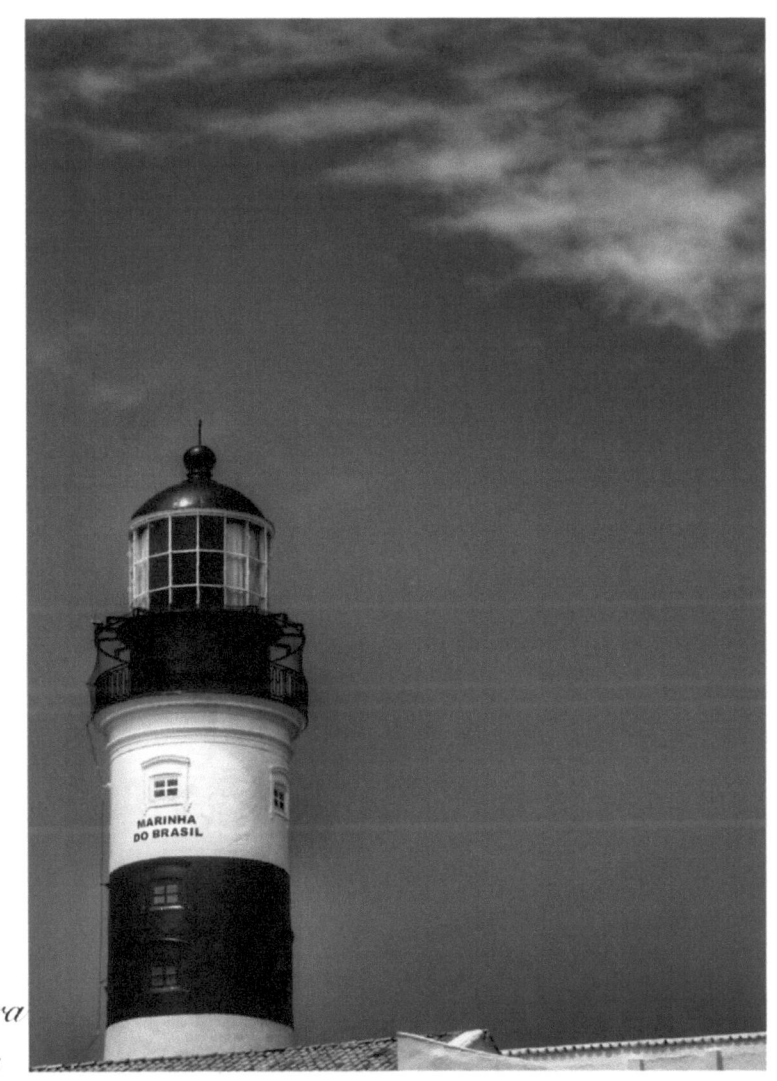

O Farol
Farol da Barra
Salvador/Ba
Março de 2020

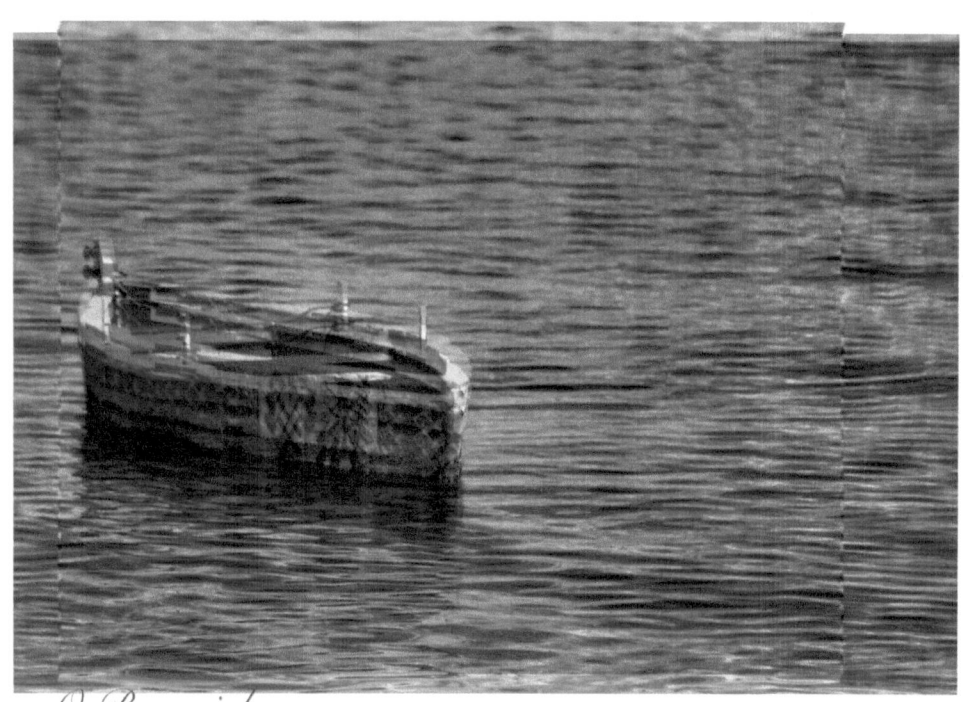

O Barquinho
Porto da Barra
Salvador/Ba
Março de 2020

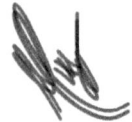

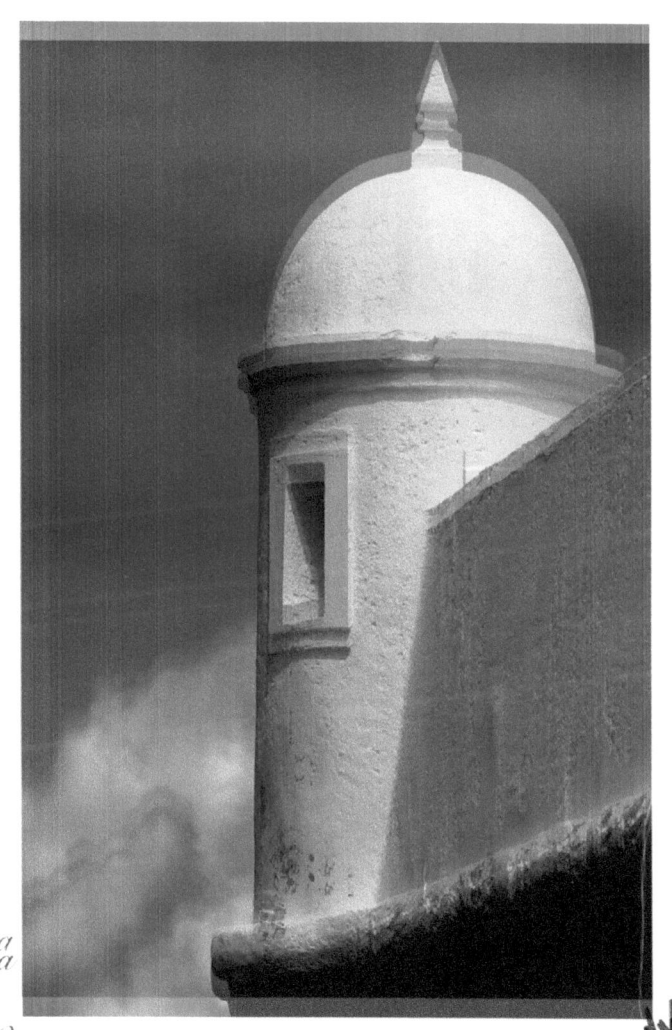

A Torre
Farol da Barra
Salvador/Ba
Março de 2020

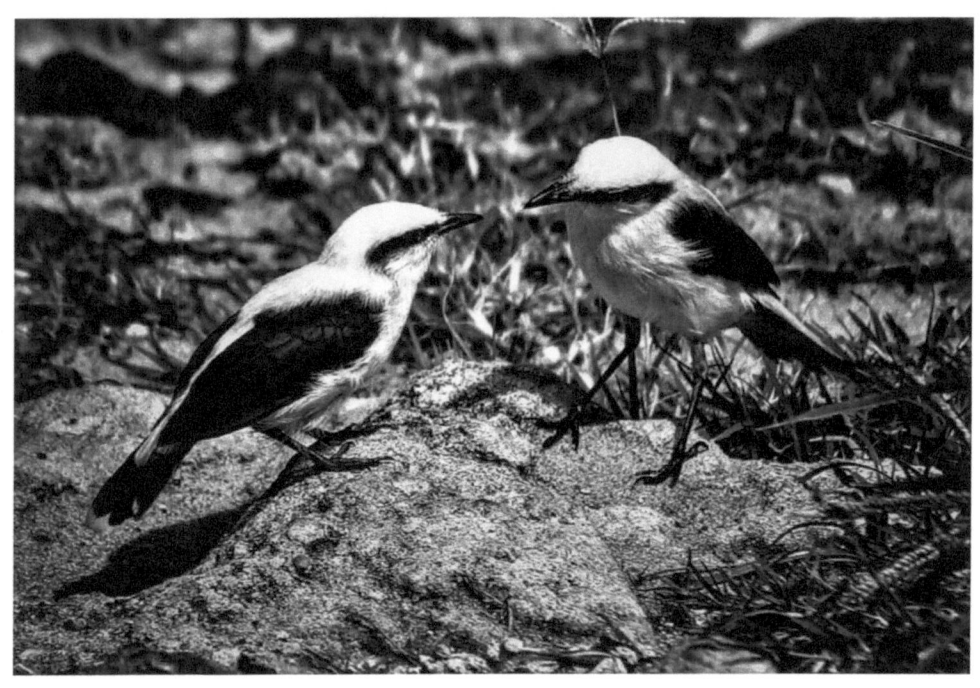

Dois
Porta da Barra
Salvador/Ba
Março de 2020

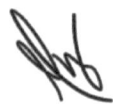

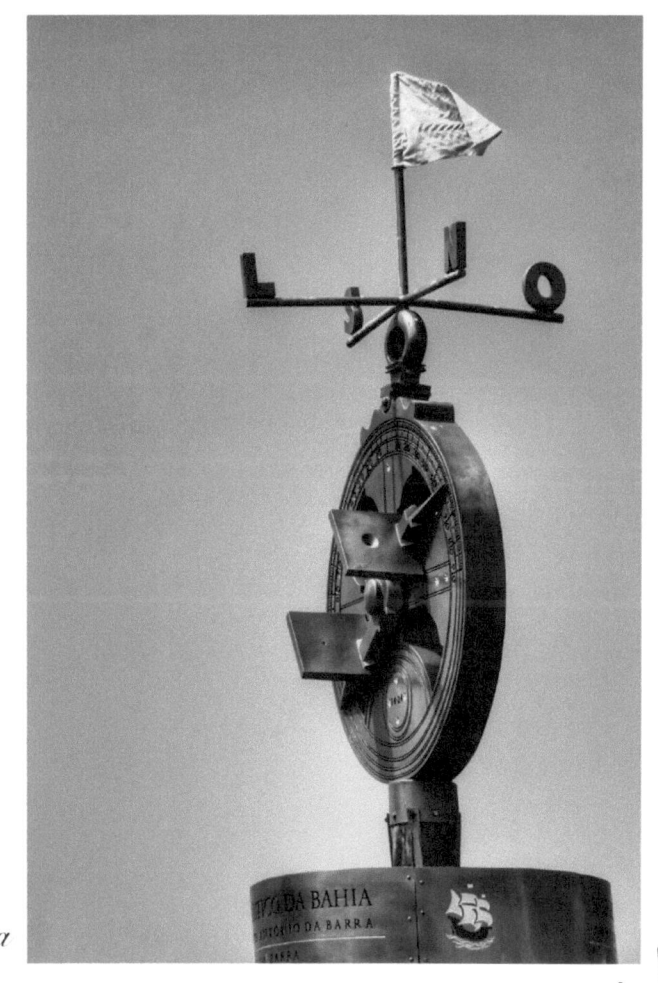

A Bússola
Farol da Barra
Salvador/Ba
Março de 2020

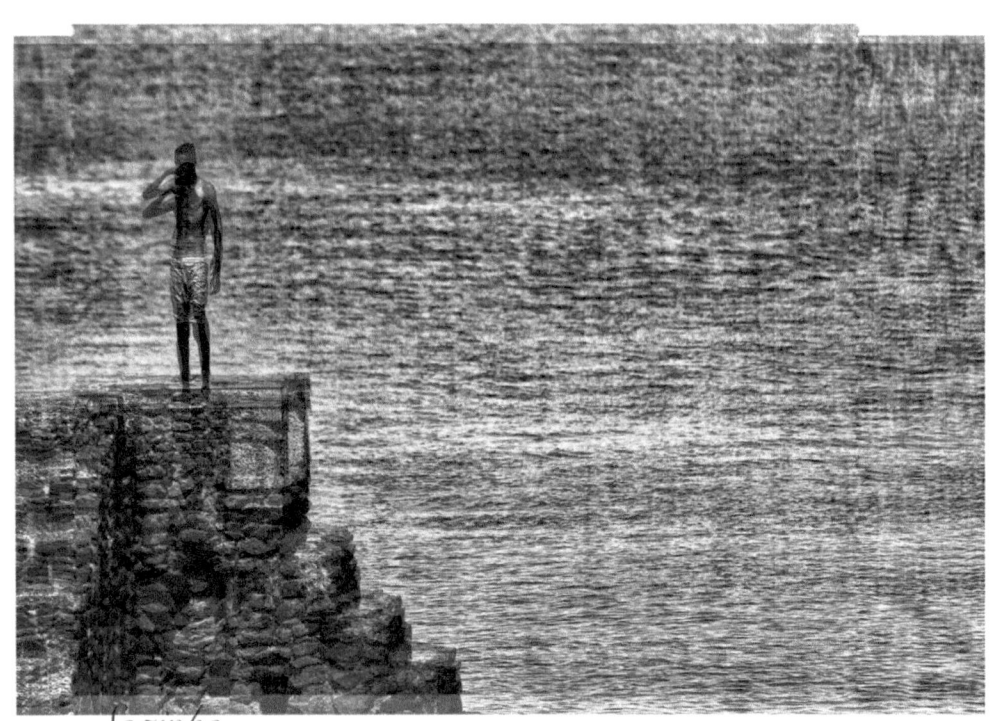

Sozinho
Porto da Barra
Salvador/Ba
Março de 2020

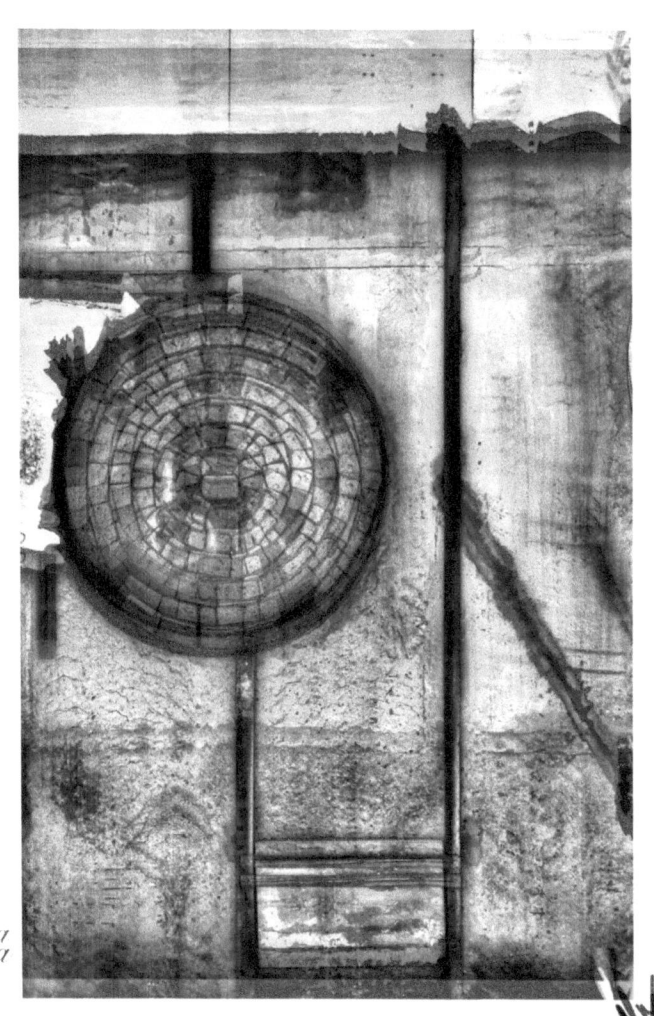

A Parede
Farol da Barra
Salvador / Ba
Março de 2020

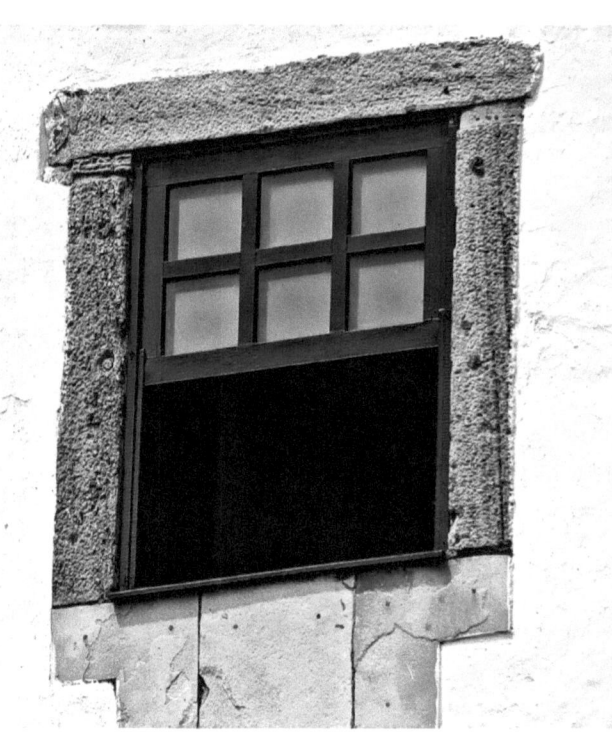

*A Janela
Farol da Barra
Salvador/Ba
Março de 2020*

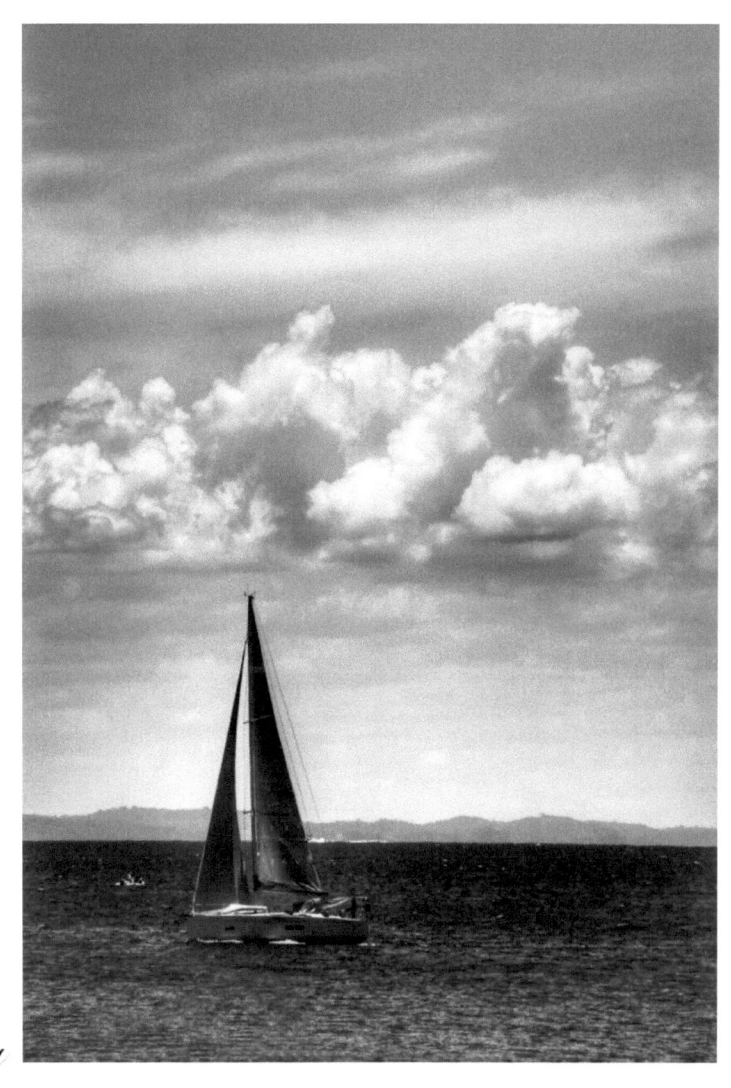

O Veleiro
Farol da Barra
Salvador/Ba
Março de 2020

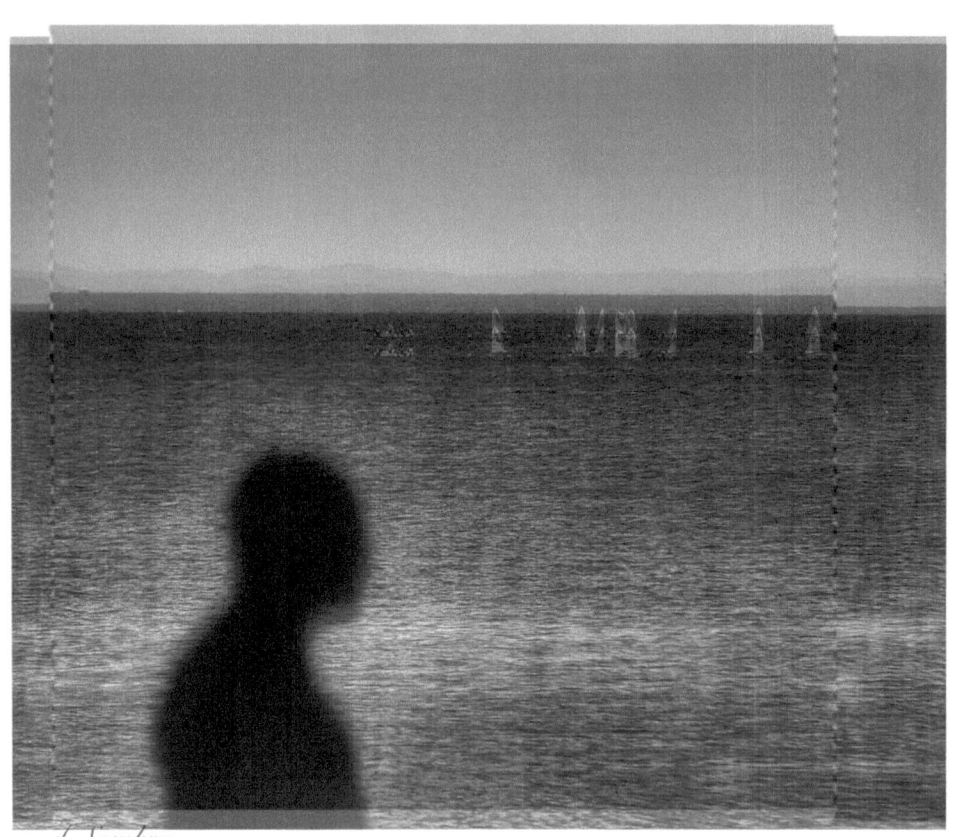

A Sombra
Porto da Barra
Salvador/Ba
Março de 2020

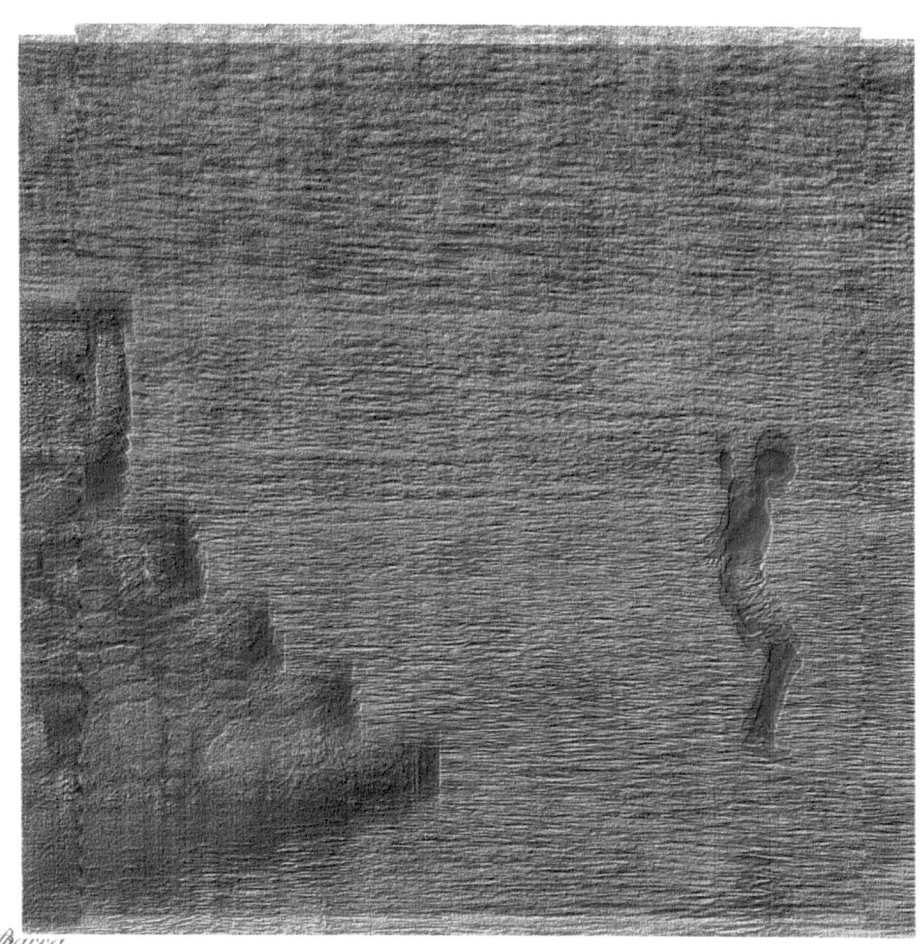

*Cais
Porto da Barra
Salvador/Ba
Março de 2020*

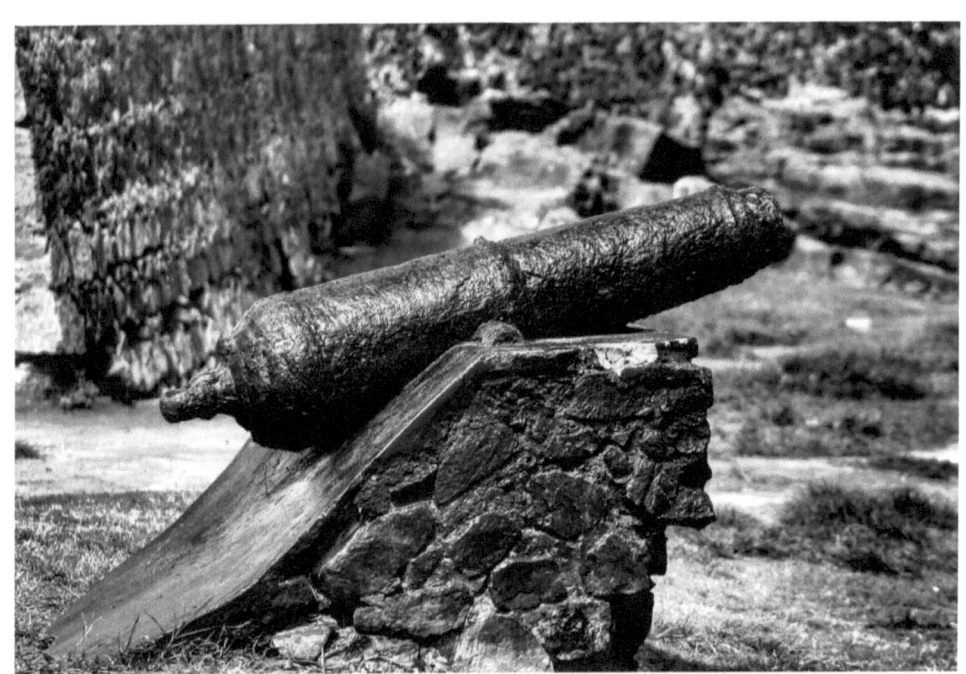

O Canhão
Porto da Barra
Salvador/Ba
Março de 2020

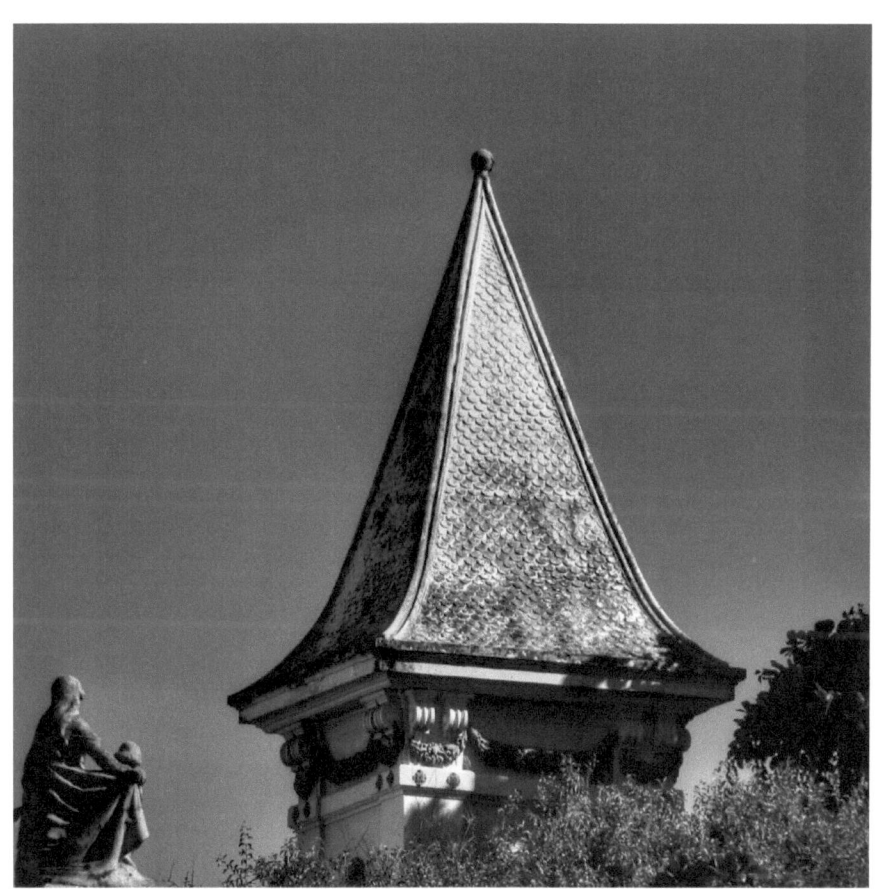

O Telhado
Farol da Barra
Salvador/Ba
Março de 2020

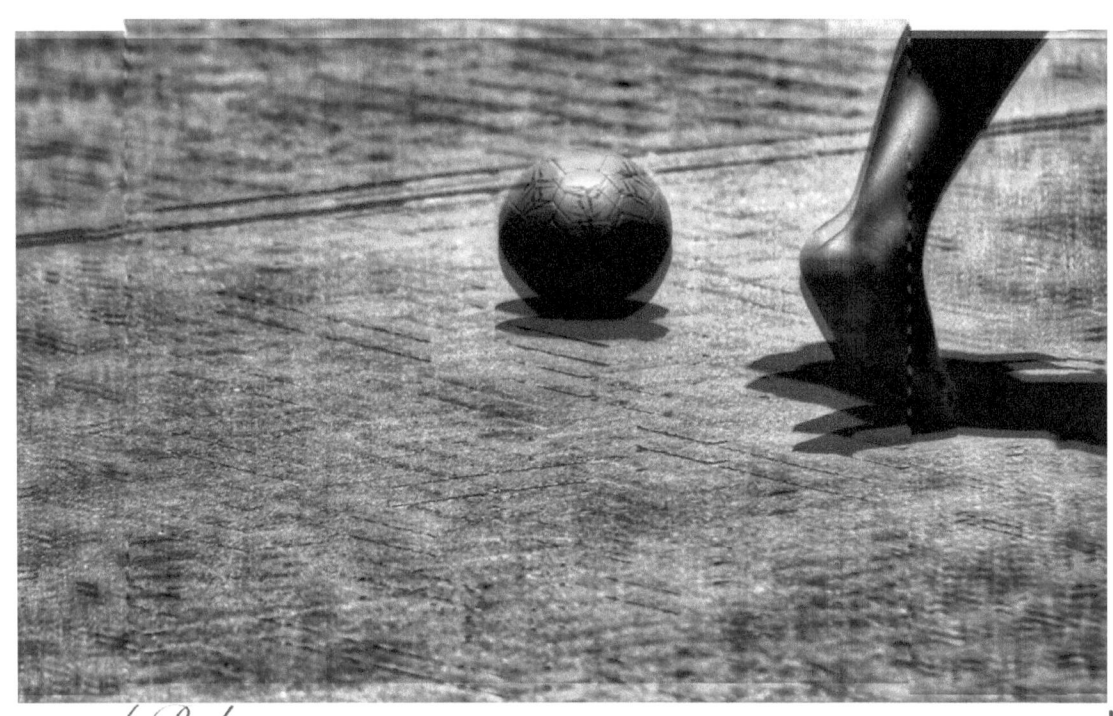

*A Bola
Porto da Barra
Salvador/Ba
Março de 2020*

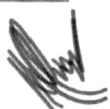

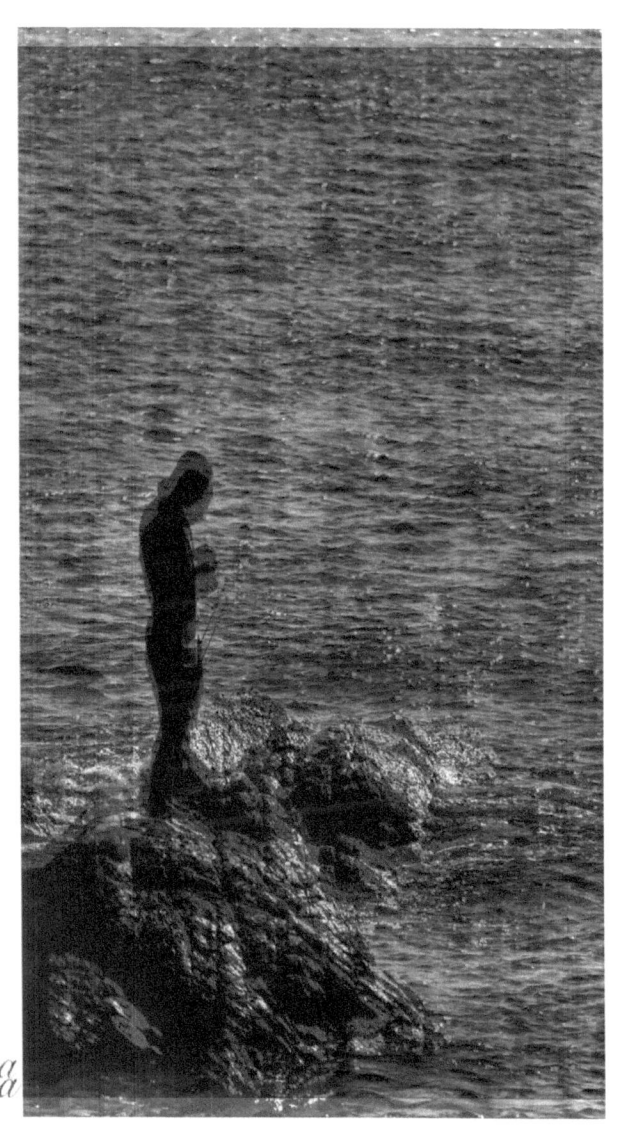

O Pescador
Farol da Barra
Salvador/Ba
Março de 2020

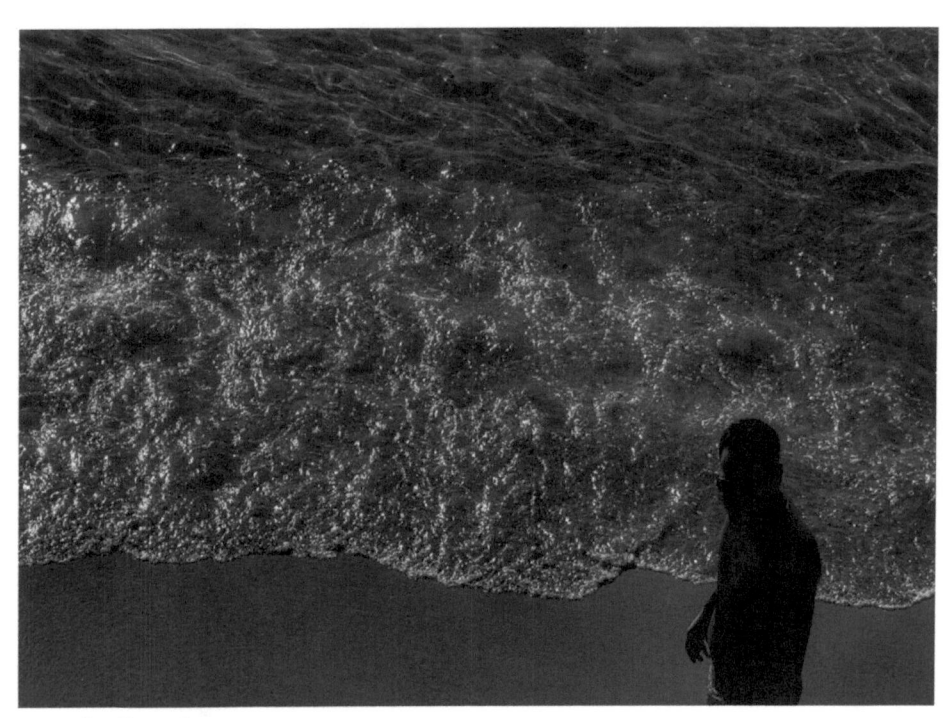

A Onda
Farol da Barra
Salvador/Ba
Março de 2020

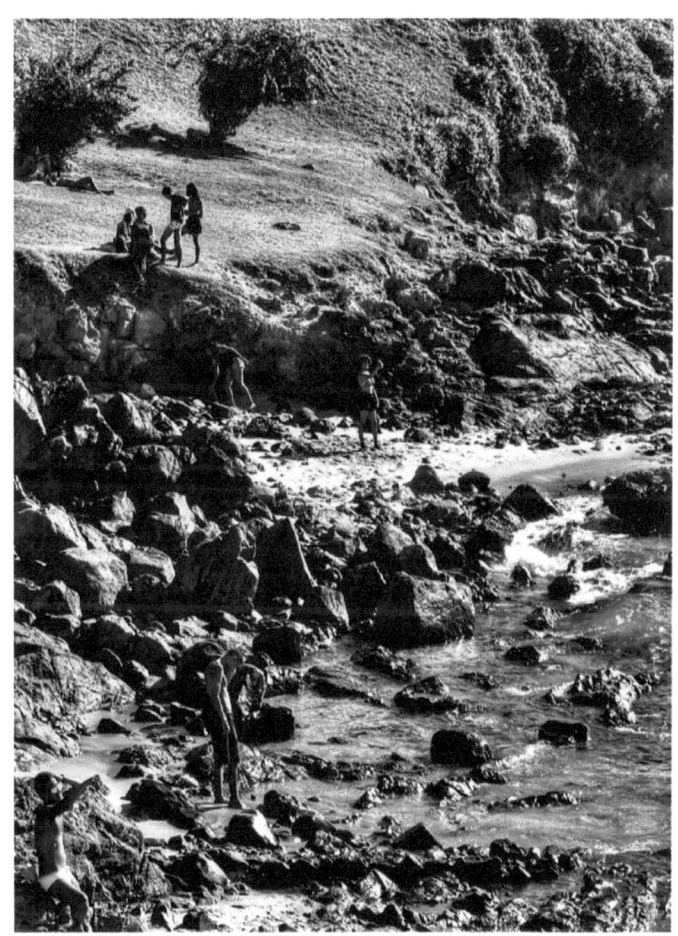

O Morro
Farol da Barra
Salvador/Ba
Março de 2020

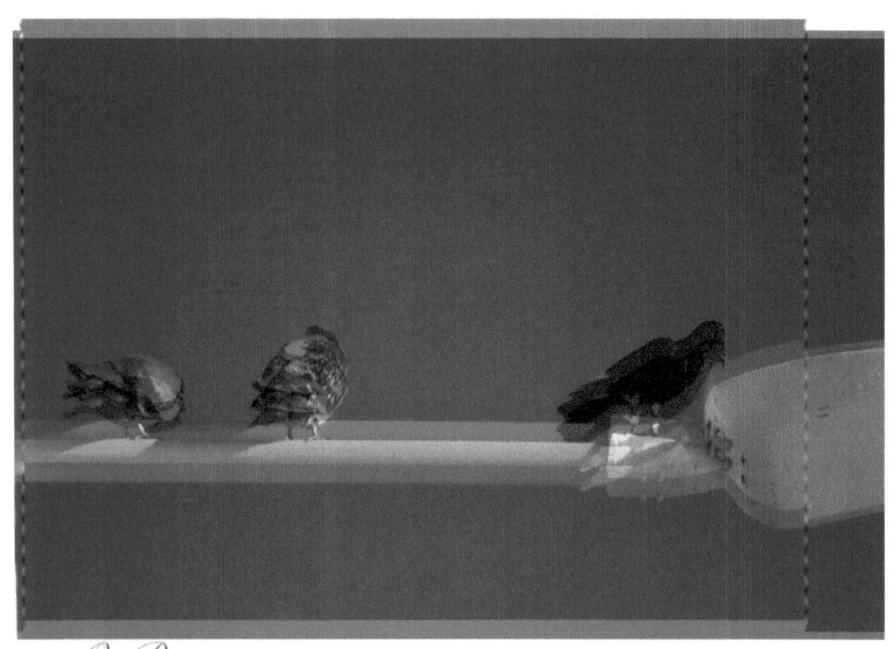

O Poste
Porto da Barra
Salvador/Ba
Março de 2020

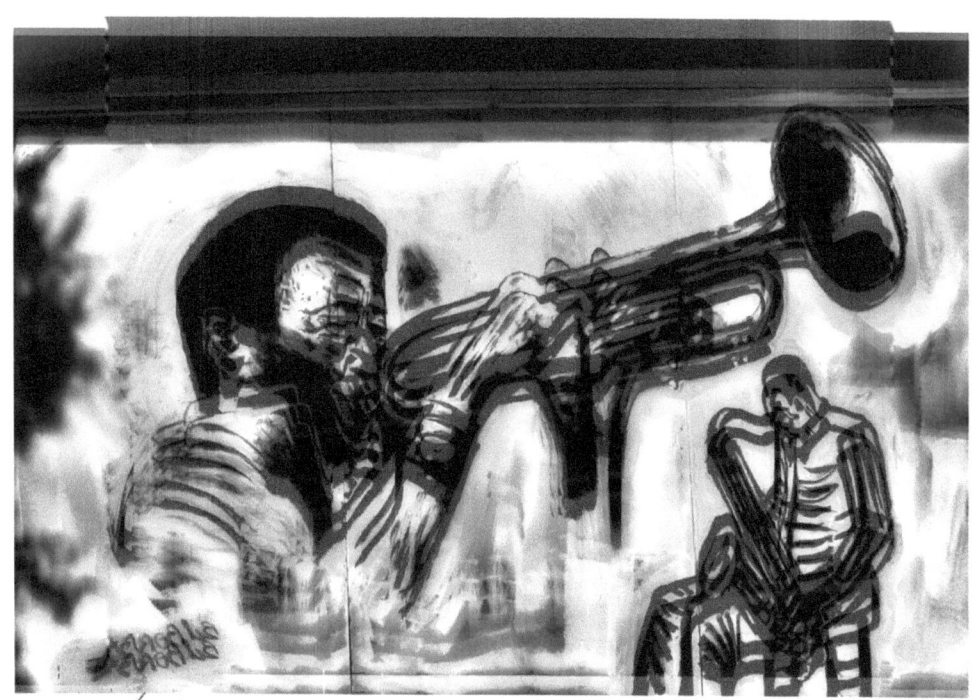

O Artista
Farol da Barra
Salvador/Ba
Março de 2020

Extras:

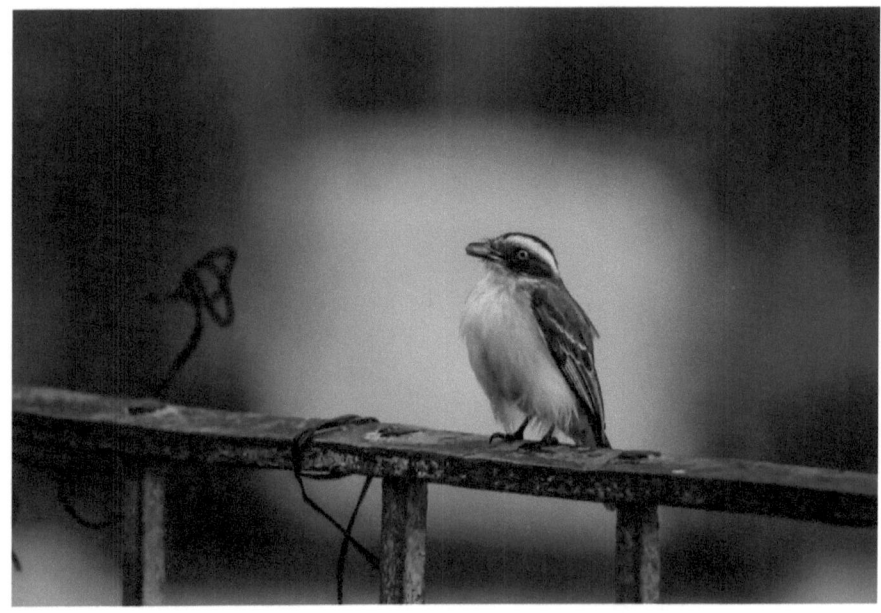

O Passarinho
Passeio Público
Salvador/Ba
Janeiro de 2020

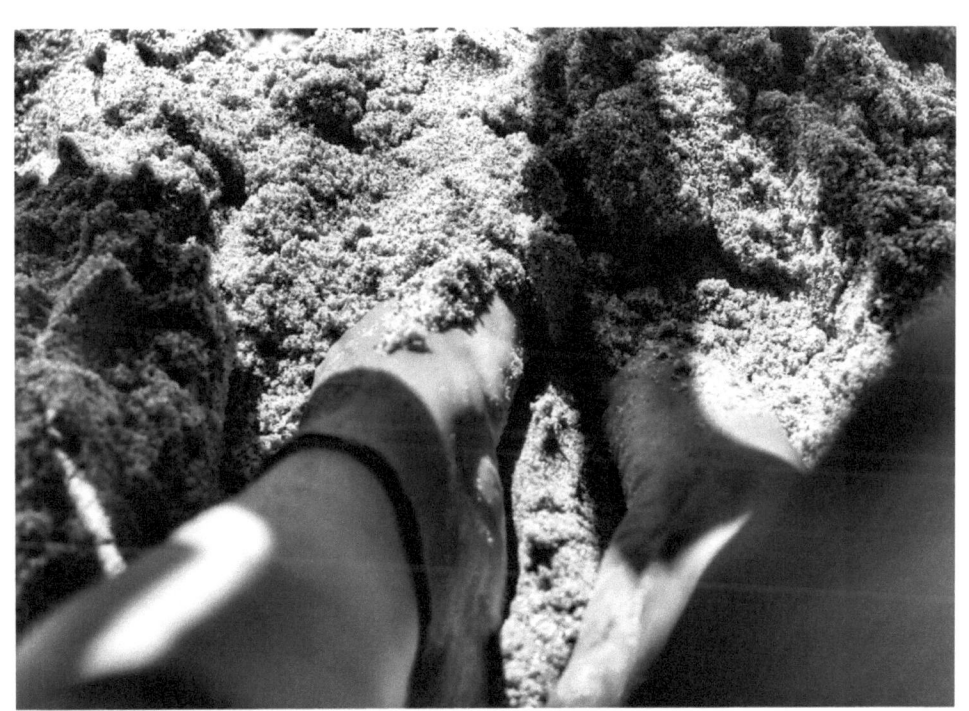

Os Pés
Buraco da Velha
Lauro de Freitas/Ba
Dezembro de 2019

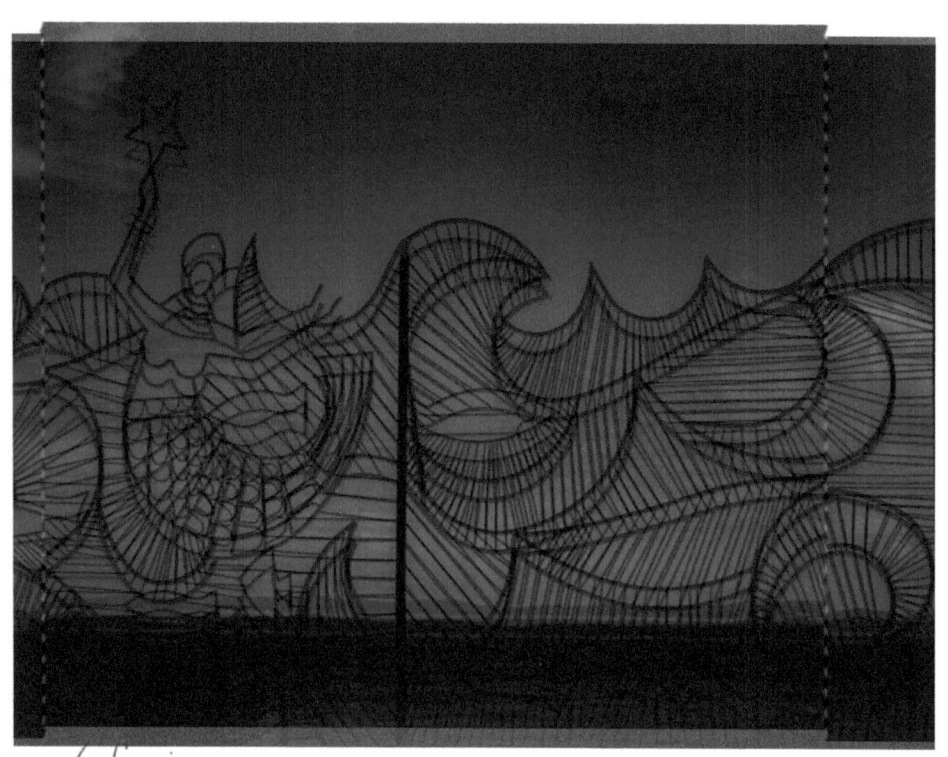

A Sereia
Solar do Unhão
Salvador/Ba
Dezembro de 2019

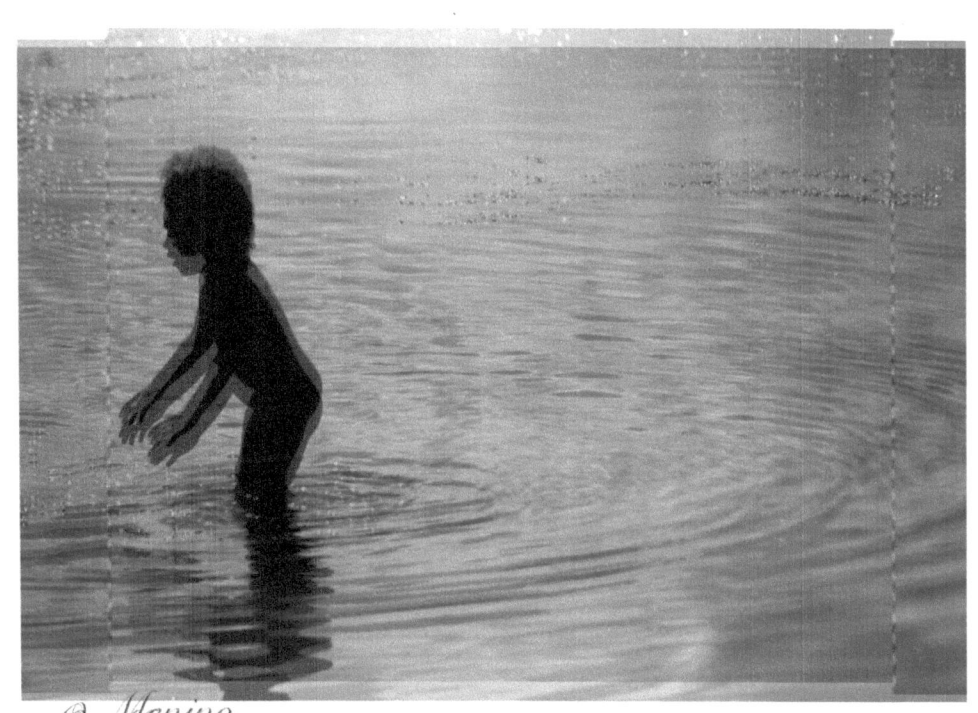

O Menino
Buraco da Velha
Lauro de Freitas/Ba
Dezembro de 2049

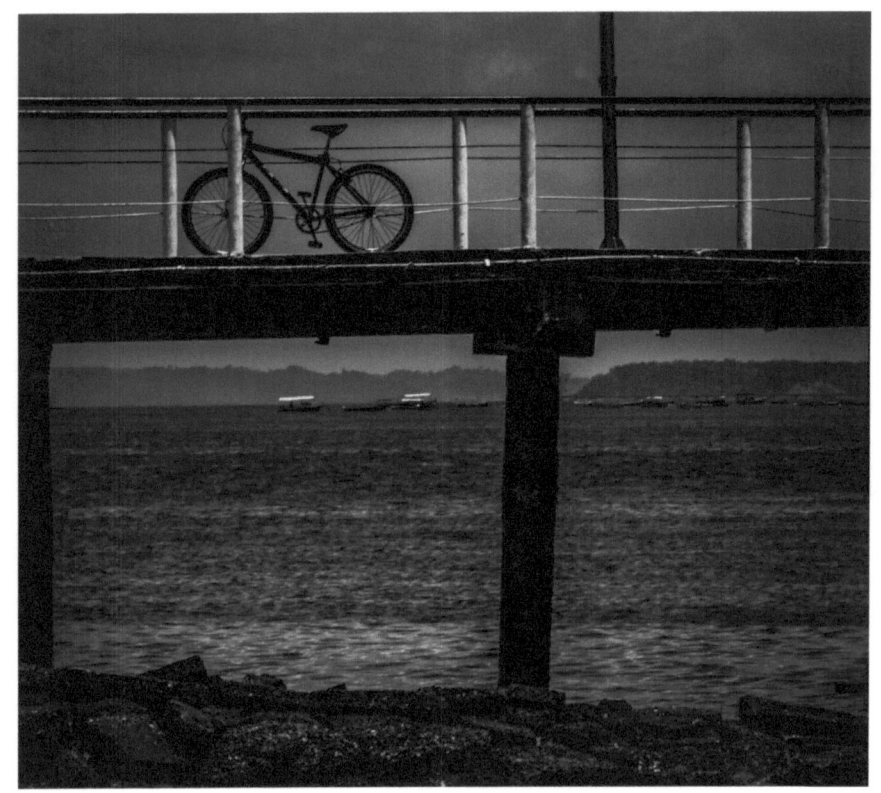

A Bicicleta
Ribeira
Salvador/Ba
Novembro de 2019

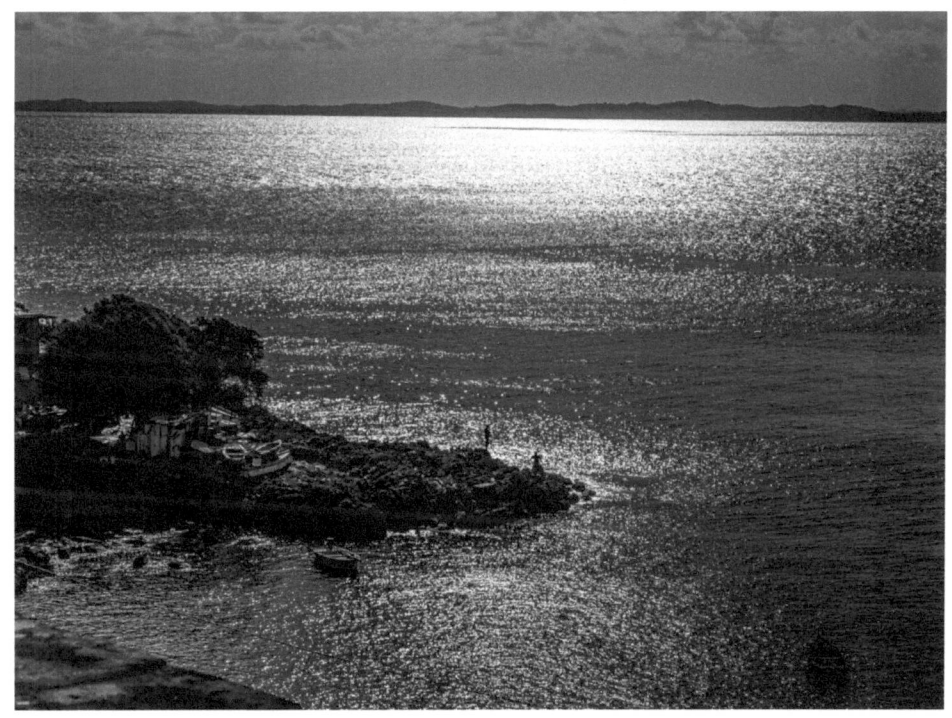

A Tarde
Baía de Todos os Santos
Salvador/Ba
Outubro de 2019

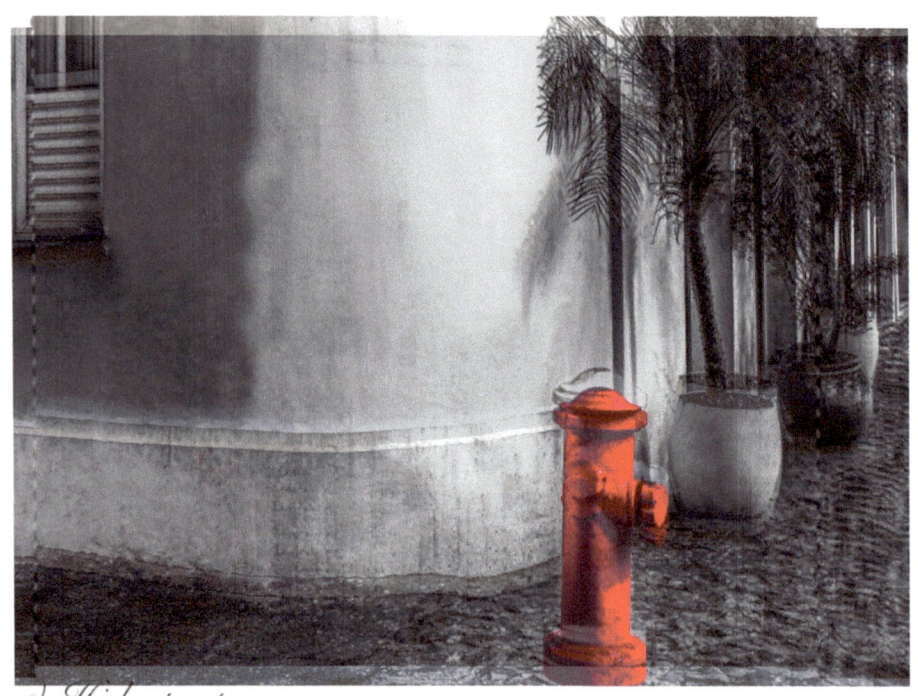

O Hidratante
Pelourinho
Salvador/Ba
Agosto de 2049

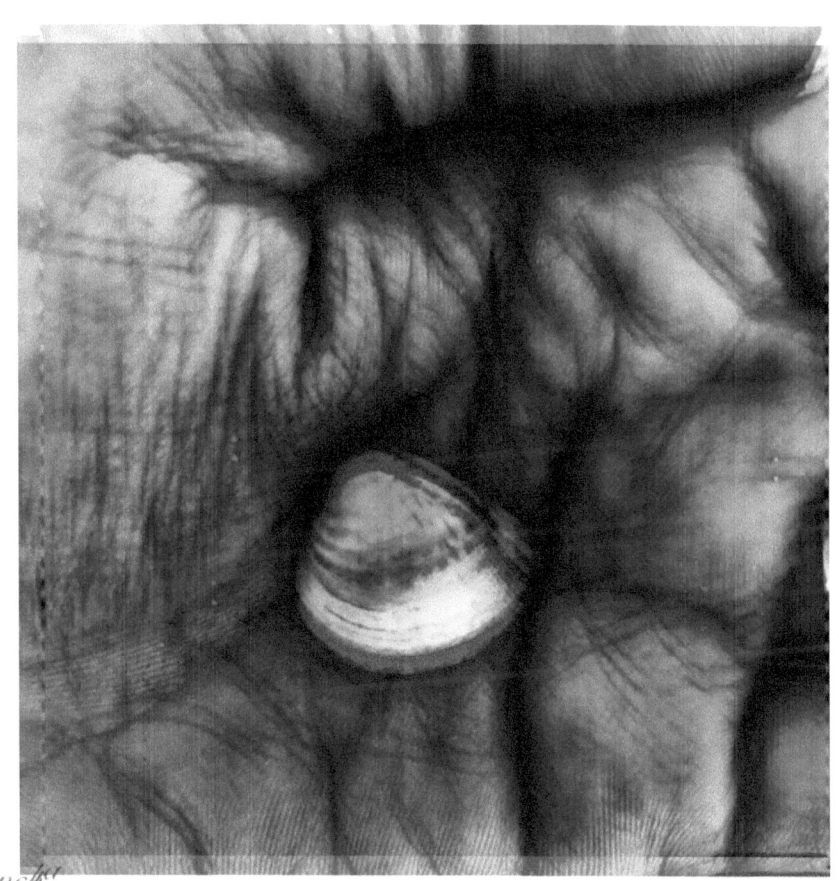

A Concha
Buracos da Velha
Lauro de Freitas/Ba
Fevereiro de 2019

Fotos de 📷© Milena Ferreira

Todos os direitos reservados

www.ingramcontent.com/pod-product-compliance
Lightning Source LLC
Chambersburg PA
CBHW051938210526
45473CB00006B/2299